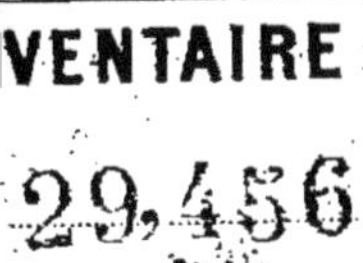

A TOUTES LES FEMMES

RECUEIL DE RECETTES

Pour faire soi-même tout ce qui est nécessaire

À

L'ENTRETIEN DE LA BEAUTÉ

POMMADES — COLD CREAM POUR BLANCHIR ET ADOUCIR LA PEAU
FARD — BLANC — TEINTURE POUR LES CHEVEUX
LAITS CONTRE LES TACHES DE ROUSSEUR ET LES GERÇURES
POUDRE POUR LES DENTS — EAU DITE DE BOTOT
VINAIGRE DE BULLY — EAU DE COLOGNE — SAVONS, ETC., ETC.

PRIX : 1 FRANC

PARIS

CHEZ M. PROST, 10, PASSAGE SAULNIER

1866

A TOUTES LES FEMMES

PARIS

IMPRIMERIE BALITOUT, QUESTROY ET Cᵉ

7, rue Baillif et rue de Valois, 18

A TOUTES LES FEMMES

RECUEIL DE RECETTES

Pour faire soi-même tout ce qui est nécessaire

A

L'ENTRETIEN DE LA BEAUTÉ

POMMADES — COLD CREAM POUR BLANCHIR ET ADOUCIR LA PEAU

FARD — BLANC — TEINTURE POUR LES CHEVEUX

LAITS CONTRE LES TACHES DE ROUSSEUR ET LES GERÇURES

POUDRE POUR LES DENTS — EAU DITE DE BOTOT

VINAIGRE DE BULLY — EAU DE COLOGNE — SAVONS, ETC., ETC.

PRIX : 1 FRANC

PARIS

CHEZ M. PROST, 10, PASSAGE SAULNIER

1866

PRÉFACE

La Parfumerie, dont l'origine remonte à l'antiquité la plus reculée, fut longtemps une industrie de luxe.

Les femmes n'avaient recours à elle que pour chercher à rehausser l'éclat de leurs charmes, ou pour dissimuler les outrages que le temps faisait à la beauté.

Aujourd'hui, grâce aux nombreuses découvertes scientifiques qui l'ont enrichie et à la multiplicité de ses préparations, elle ne se borne plus à ajouter aux attraits de la femme, à cacher une ride ou un cheveu blanc, elle est devenue *préservatrice;* ses produits constituent l'élément le plus important de l'hygiène féminine, et il est acquis qu'ils peuvent, par leur emploi raisonné et leur bonne composition, paralyser l'action des années.

Les femmes peuvent donc, au moyen de la Parfumerie, se conserver éternellement belles : il leur faut tout simplement n'user que de bonnes préparations et en bien connaître l'emploi.

Malheusement, toutes ne peuvent pas faire leurs acquisitions chez ceux de nos parfumeurs dont les noms garantissent l'excellence de leurs produits, mais dont les prix sont inaccessibles à bien des bourses ; aussi beaucoup d'entre elles sont obligées de se rabattre sur la parfumerie à bon marché, dont les produits sont souvent très nuisibles au lieu d'être utiles.

C'est pour mettre la bonne parfumerie, c'est-à-dire la beauté à la portée de toutes les femmes, riches ou pauvres, que ce recueil est publié. Il donne la recette de toutes les préparations *utiles* pour les soins de la toilette, en indiquant non-seulement leur composition, mais aussi la manière dont elles doivent être faites et employées.

Avec ce guide sûr, les femmes pourront elles-mêmes acheter les substances, savoir ce qu'elles emploient, faire leur parfumerie et réaliser une double économie, car elles auront à meilleur marché qu'elles ne paieraient la mauvaise de la parfumerie de première qualité, aussi excellente que celle de nos meilleures maisons parisiennes.

AVIS

—

Comme premier agent, pour l'entretien de la beauté, il faut classer tout d'abord, pour l'usage de la toilette, l'eau pure et très-fraîche, et pour les personnes sujettes à avoir la peau gercée, l'usage de l'eau de racine de guimauve froide et légère.

On doit encore recommander aux personnes qui désirent conserver leurs cheveux de ne se servir que très-peu de la brosse.

BAINS

—

L'usage des bains comme moyens hygiéniques, remonte à une époque des temps les plus anciens, ainsi que le prouvent les nombreux monuments que l'on trouve encore dans différents pays.

Toute femme qui veut se conserver belle, doit suivre cet usage et prendre des bains le plus souvent possible, ne seraient-ils que de quelques minutes.

BAIN DE BARÉGE ARTIFICIEL

POUR ADOUCIR LA PEAU

Sulfure de potasse   125   grammes.
Gélatine commune   500   —

Faire dissoudre préalablement la gélatine dans deux litres d'eau chaude, puis la verser dans l'eau de bain en y ajoutant le sulfure de potasse.

Pour une baignoire moyenne, les doses sont réduites à moitié, et pour une baignoire d'enfant, au quart.

Dans certaines villes, on est obligé de désinfecter les bains de barége avant de les laisser couler dehors; on obtient ce résultat en mettant dans l'eau du bain qui vient de servir, 100 grammes de sulfate de zinc en poudre.

BAIN DE MER ARTIFICIEL

POUR 300 LITRES D'EAU

Sel gris . . . . 8,000 grammes.
Chlorure de calcium . .   700   —
Chlorure de magnésium. 3,000   —
Sulfate de soude. . . . 3,000 —

Faire dissoudre le sel dans une petite quantité d'eau chaude, puis achever de remplir la baignoire et agiter pour bien mélanger.

Les bains de mer ainsi préparés sont d'une composition fort coûteuse. On peut remplacer tout cela par la soude de varech raffinée, qui représente plus exactement l'eau de mer et dont le prix est très-modique.

BAIN

AVEC DU SON

Son . . . . 2 kilogrammes.

On peut faire bouillir le son pendant un quart d'heure, le passer et ajouter l'eau à l'eau du bain, ou bien mettre le son dans un sac, ou un linge, le plonger dans la baignoire dans une petite quantité d'eau chaude, le presser plusieurs fois et achever de remplir la baignoire.

Ce bain adoucit la peau et la rafraîchit.

BLANC DE FARD

SANS DANGER POUR LA SANTÉ ET NE FANANT PAS LA PEAU

Talc de Venise ou craie de
    Briançon . . . . 250 grammes.
Blanc de baleine 40   —

Mettre le talc dans une bouteille avec un demi-litre de vinaigre blanc, laisser 15 jours en ayant soin de remuer la bouteille de temps en temps, puis filtrer, laver la poudre dans de l'eau distillée jusqu'à ce qu'elle soit sans odeur, la piler alors avec le blanc de baleine et un peu d'eau de rose ou de l'eau distillée et mettre cette pâte dans un pot et laisser sécher; il faut avoir soin de ne pas laisser tomber de la poussière dessus.

On peut rendre ce blanc de fard liquide en en délayant une partie dans de l'eau distillée, pour en former un lait; on le met alors dans une petite bouteille que l'on a soin d'agiter chaque fois, avant de s'en servir, pour mélanger le talc avec l'eau, l'étendre alors sur la peau avec un morceau de flanelle et essuyer légèrement avec un linge fin.

COLD CREAM

POUR BLANCHIR ET ADOUCIR LA PEAU

Huile d'amandes douces. . 125 grammes.
Cire vierge . . . . 12 —
Blanc de baleine . . . . . 32 —

Faire fondre la cire et le blanc de baleine dans l'huile au bain-marie et, dès que la cire est fondue, retirer le tout. Battre immédiatement jusqu'à parfait refroidissement, en versant, par petites doses, 25 grammes d'eau de roses ou de baume de la Mecque.

CRÈME AU BEURRE DE CACAO

POUR ADOUCIR LA PEAU ET LES GERÇURES

Beurre de cacao. . . . . . 100 grammes.
Cire vierge . . . . 50 —
Blanc de baleine . . . . . 50 —
Huile d'amandes douces. . 200 —

Mélanger le tout et faire fondre au bain-marie; puis battre jusqu'à parfait refroidissement. On peut y ajouter, si l'on veut, une goutte d'essence de roses, ou 5 grammes de teinture de benjoin, mais cela n'augmente pas la qualité.

2.

EAU

POUR FIXER LES CHEVEUX

Pepins de coings . . . . . 10 grammes.
Essence de citron, ou de
benjoin, ou autre es-
sence 3   —

Faire bouillir les pepins de coings dans
250 grammes d'eau, passer et laisser refroidir, puis y ajouter l'essence et agiter la bouteille pour bien mélanger le tout.

EAU BALSAMIQUE

POUR TOILETTE

Alcool à 80	750	grammes.
Zeste d'orange frais	25	—
— de citron —	25	—
Benjoin	25	—
Vanille	5	—
Myrrhe	5	—

Mélanger le tout et laisser infuser 15 jours, en agitant de temps en temps, puis presser et filtrer.

On peut colorer cette eau avec de la teinture d'orcanette, mais cela n'ajoute rien à la qualité.

EAU DE BOTOT

POUR ENTRETENIR LA BEAUTÉ DES DENTS

ET LA PROPRETÉ DE LA BOUCHE

Eau de vie.	875	grammes.
Anis.	30	—
Clous de girofle	8	—
Canelle	8	—
Essence de menthe	1	—

Laisser infuser pendant 8 jours, passer ou filter et ajouter teinture d'ambre 4 grammes.

EAU DENTIFRICE

POUR BLANCHIR LES DENTS ET RAFFERMIR LES GENCIVES

Eau-de-vie.	1	litre.
Anis.	30	grammes.
Canelle	10	—
Clous de girofle.	10	—
Essence de menthe	2	—
Quinquina	10	—
Crème de tartre	15	—

On concasse les anis, les clous et la cannelle, on les met dans l'eau-de-vie, on y
ajoute la crème de tartre, le quinquina et
l'essence de menthe, on laisse le tout infuser pendant 15 jours et on filtre.

EAU DE LAVANDE AMBRÉE

POUR TOILETTE

Essence de lavande . . . . 25 grammes.
Teinture d'ambre . . . . . 3 —
Alcool à 80 . . . . 500 —

On mélange le tout. On peut remplacer l'essence de lavande par 50 grammes de fleurs de lavande que l'on laisse infuser 15 jours, puis l'on filtre, et l'on y ajoute, seulement après avoir filtré, les 3 grammes de teinture d'ambre.

EAU DE COLOGNE

Huile volatile de citron. . .	3	grammes.
— bergamotte	3	—
— lavande . .	1/2	—
Teinture de benjoin. . . .	3	—
Huile volatile de mélisse. .	3	—
Alcool.	200	—

Agiter le tout.

EAU

POUR NETTOYER LES CHEVEUX

Rhum . . . . 125 grammes.

Eau-de-vie. . . . . 125 grammes.

Quinquina en poudre . . . 5 —

Hydrolat de roses . . . . . 30 —

Mélanger le rhum, l'eau-de-vie et le quinquina, laisser infuser 10 jours, puis passer au filtre et y ajouter l'hydrolat de roses.

EAU COSMÉTIQUE

CONTRE LES TACHES DE ROUSSEUR

Eau de roses. . . . . 125 grammes.

— lauriers-cerises . . 125 —

Teinture de benjoin. . . . 10 —

Extrait de saturne. . . . . 3 —

Sel ammoniac. . . . .   1 gramme.
Zeste frais de citron. . . .   2   —

Mélanger le tout et laisser infuser 10 jours, puis passer ; il faut avoir soin, avant de s'en servir, d'agiter la bouteille.

EAU-DE-VIE CAMPHRÉE

Alcool à 56 . . . .   500 grammes.
Camphre   12   —

Laisser dissoudre le camphre dans l'alcool en ayant soin d'agiter de temps en temps la bouteille et filtrer.

3

On peut lui donner la couleur de l'eau-de-vie avec un peu de caramel.

EAU

POUR TEINDRE LES CHEVEUX

DU DOCTEUR LAFOREST

Vin rouge	360	grammes.
Sel commun.	4	—
Sulfate de fer	7	—

Faire cuire 5 minutes et y ajouter 4 grammes d'oxyde de cuivre ; faire cuire encore et y ajouter 7 grammes de noix de galle.

On frotte les cheveux avec cette liqueur ; on les sèche avec un linge chaud et au bout de 10 minutes, on les lave avec de l'eau ordinaire.

ESSENCE DE CITRON

Zeste frais de citron. . . .   25 grammes.
Alcool à 75 125   —

Mélanger et laisser infuser pendant 12 jours, puis filtrer.

On prépare de la même manière l'essence de bergamotte et de fleurs d'oranger.

ESSENCE DE ROSES

Roses pâles . . . .   1 gramme.
Alcool à 90   1   —

Froisser les roses et laisser infuser 36
heures, puis distiller.

ESSENCE DE MENTHE ANGLAISE

Huile volatile menthe poi-
vrée . . . .   5 grammes.
Alcool à 60   150   —

ESSENCE AU MIEL

POUR TOILETTE

Alcool	600	grammes.
Miel blanc	100	—
Zeste frais de citron	10	—
Girofles	10	—
Benjoin	10	—
Vanille	5	—
Eau de roses	60	—

Faire infuser 6 jours, agiter de temps en temps la bouteille, puis filtrer.

3.

ESPRIT DE VANILLE

Vanille	1	gramme.
Carbonate de potasse . . .	1/4	—
Alcool.	10	—

HUILE ANTIQUE

POUR LES CHEVEUX

Huile de ben.	125	grammes.
Essence de bergamotte . .	1	—
Teinture d'ambre	0,1	—

On peut remplacer l'huile de ben par l'huile d'amandes douces, mais l'huile de ben est préférable parce qu'elle rancit difficilement.

HUILE AU JASMIN

POUR LES CHEVEUX

Huile d'amandes douces. . 130 grammes.
Fleurs fraîches de jasmin. 40   —

Froisser les fleurs de jasmin ; laisser infuser dans l'huile pendant trois jours ; passer et presser ; décanter l'huile et remettre des fleurs une seconde fois en quantité égale à la première ; laisser encore infuser pendant 3 jours en agitant de temps en temps, passer et presser, filtrer l'huile.

⌖

HUILE A LA VIOLETTE

POUR LES CHEVEUX

Huile d'amandes douces. .	125	grammes.
Violettes fraîches	35	—
Iris.	25	—

Froisser les violettes et concasser l'iris. Laisser infuser dans l'huile pendant 4 jours, passer et presser les fleurs ; décanter l'huile et remettre une seconde fois des violettes et de l'iris en quantité égale à la première fois, laisser encore infuser pendant 4 jours en agitant de temps en temps ; passer et presser, puis filtrer l'huile.

LAIT DE ROSES

LOTION ADOUCISSANTE

POUVANT, DANS LA TOILETTE, REMPLACER LE SAVON

Amandes mondées . . . . 75 grammes.
Eau de roses. . . . . 500 —
Cire blanche . . . . 10 —
Savon Windsor . . . . . . 10 —

Huile d'amandes douces. .   10 grammes.
Alcool. 100   —
Essence de bergamotte. .   10   —
Teinture de benjoin. . . .   10   —

Piler les amandes, en faire une pâte, puis on les mélange avec l'eau de roses; faire fondre au bain-marie la cire et le savon dans l'huile; verser ce produit dans un vase, ayant soin de battre, et y ajouter l'alcool et les essences.

On peut remplacer le savon de Windsor par du savon de moelle de bœuf, ou savon animal.

LAIT VIRGINAL

POUR LE TEINT

Eau de roses. . . . . 150 grammes.

Teinture de benjoin   2   —

Eau de laitue   75   —

Mélanger le tout et agiter la bouteille.

LOTION DE GAWLAND

Amandes amères mondées.   90 grammes.

Eau.   500   —

Sel ammoniac.   2   —

Alcool. . . . .   15 grammes.
Eau de lauriers-cerises. . .   15   —
Sublimé corrosif.   0,8   —

Piler les amandes, les mélanger avec l'eau simple, passer dans un autre vase, faire dissoudre les sels dans l'eau de lauriers-cerises et l'alcool, et mélanger le tout.

Les Anglais se servent de cette eau pour donner de l'éclat et de la souplesse à la peau.

LESSIVE DES SAVONNIERS

PROCÉDÉ INDIQUÉ PAR LE CODEX

Carbonate de soude cristallisé. . . . . 500 grammes.

Chaux vive. . . . . 200 grammes.
Eau. 3000   —

Éteindre la chaux, la délayer dans l'eau, en obtenir un lait homogène, y ajouter le carbonate de soude et faire bouillir pendant une demi-heure dans un vase en fer, en ayant soin de remuer continuellement et de remplacer l'eau qui s'évapore, jeter le tout sur une toile ou un tamis. Mettre ce liquide clair dans une bassine d'argent jusqu'à fusion du produit de l'évaporation. On dissout le produit solide dans une quantité suffisante d'eau pour obtenir un liquide marquant 34°. On laisse déposer et on tire à clair.

OPIAT AU CHARBON

POUR BLANCHIR LES DENTS ET RAFFERMIR LES GENCIVES

Miel blanc . . . . 100 grammes.

Charbon de bois en poudre. 30 —

Poudre de quinquina. . . 3 —

Essence de menthe. . . . 1 —

Mélanger le tout et en former une pâte, avoir soin que la poudre de charbon soit très-fine pour ne pas rayer ou altérer l'émail des dents.

OPIAT

POUR BLANCHIR LES DENTS

Miel blanc. . . . . 100 grammes.
Corail rouge. 40   —
Crème de tartre. 20   —
Essence de menthe. . . . 1   —

Broyer le corail en poudre très-fine, puis mélanger le tout avec le miel, former une pâte et aromatiser avec l'essence de menthe.

PATE D'AMANDES

POUR BLANCHIR LES MAINS

Amandes mondées.	250 grammes.
Farine de riz.	45 —
Poudre d'iris.	35 —
Blanc de baleine.	10 —
Benjoin..	15 —

Réduire les amandes en pâte, pulvériser le blanc de baleine et bien mélanger le tout. On peut l'aromatiser avec trois gouttes d'essence d'amandes amères.

PATE D'AMANDES

CONTRE LES ENGELURES

Amandes amères mondées.	50 grammes.	
Miel.	50	—
Alun.	3	—
Camphre.	3	—
Extrait de Saturne. . . .	2	—
Teinture de benjoin.	5	—

Piler les amandes et le camphre, mélanger le tout et en former une pâte.

En frotter les engelures non entamées, et deux minutes après, laver avec de l'eau un peu chaude.

4.

PHILOCOME

COSMÉTIQUE POUR LES CHEVEUX

Moelle de bœuf. . . . . . 150 grammes.
Huile de noisette. . . . . . 150 —
Huile d'amandes douces. . 100 —

On fait cuire la moelle dans de l'eau, on passe et l'on presse dans un linge ; laisser refroidir, prendre la moelle de bœuf qui a refroidi et la faire fondre au bain-marie avec l'huile de noisettes et d'amandes douces ; retirer et battre avec une spatule en bois ou une cuiller en argent ; aromatiser à volonté.

POMMADE AUX CONCOMBRES

POUR ADOUCIR LA PEAU

Saindoux. . . . . 125 grammes.
Concombres. 250   —

Râper les concombres et les faire cuire
avec le saindoux au bain-marie, au moins
8 heures ; passer, presser et laisser refroidir. Séparer la partie aqueuse et les fèces.
faire fondre une seconde fois pour sortir les
dernières parties de fèces ou lie. Faire fondre de nouveau à moitié et battre la pommade
avec une spatule de bois pendant 1 heure.

POMMADE A LA MOELLE DE BŒUF

POUR NOIRCIR LES CHEVEUX

Huile d'amandes douces. .	10	grammes.
Moelle de bœuf purifiée . .	20	—
Nitrate d'argent.	12	—
Crème de tartre.	12	—
Ammoniaque..	25	—

Faire cuire la moelle de bœuf dans de l'eau ; passer et presser, laisser refroidir. Prendre la moelle de bœuf, ainsi purifiée, et la faire fondre au bain-marie avec l'huile ; ajouter alors la crème de tartre, le nitrate d'argent et l'ammoniaque ; retirer et battre ; aromatiser à volonté.

POMMADE A LA MOELLE DE BŒUF

Moelle de bœuf. . . . . . 125 grammes.
Huile de noisettes. 60   —
Vanille. 2   —

Faire cuire la moelle dans l'eau ; passer et presser dans un linge ; laisser refroidir. Prendre la moelle de bœuf qui a refroidi et la faire fondre au bain-marie, avec l'huile de noisettes et la vanille. Retirer et battre avec une spatule en bois ou une cuiller en argent. Couler ce produit dans des pots.

POMMADE A LA MOELLE DE BŒUF

AU QUINQUINA

CONTRE LA CHUTE DES CHEVEUX

Moelle de bœuf. . . . . . . 125 grammes.

Huile d'amandes douces. . 60 —

Vanille. . . . . 2 —

Extrait de quinquina.. . . 4 —

On peut remplacer la vanille par l'essence de bergamotte.

Faire cuire la moelle dans de l'eau, passer et presser dans un linge, laisser refroidir. Prendre la moelle de bœuf qui a refroidi et la faire fondre au bain-marie avec l'huile et

la vanille ; retirer et battre avec une spatule
en bois en versant par goutte l'extrait de
quinquina et l'essence de bergamotte. La
couler dans des pots.

POMMADE CAMPHRÉE

IRRITATION DE LA PEAU

Saindoux ou graisse de porc. 125 grammes.
Camphre.   30   —

Faire fondre au bain-marie ; battre immédiatement et la couler dans un pot fermé
pour que le camphre ne s'évapore pas.

POMMADE DITE CRÈME DU LIBAN

POUR ADOUCIR LA PEAU

Huile de ben.	250	grammes.
— de pavots blancs. . .	60	—
Cire vierge.	30	—
Spermacéti.	30	—
Teinture de benjoin.	15	—
Extrait de fleurs d'oranger.	10	—
Amandes mondées	500	—
Talc de Venise	125	—
Baume du Pérou.	1	—
Essence de roses.	0,5	—

Faire fondre au bain-marie la cire avec l'huile, piler les amandes pour en faire une pâte et mélanger le tout.

POMMADE ROSE

POUR LES LÈVRES

Huile d'amandes douces. . 25 grammes.
Cire blanche. 12   —

Mélanger le tout et faire fondre au bain-marie ; ajouter une petite quantité d'orcanette qu'on mettra dans un linge fin et que l'on laissera jusqu'à ce que la pommade soit d'un rose vif. Remuer et laisser refroidir à moitié et ajouter alors deux gouttes d'essence de roses.

On peut remplacer l'orcanette par du carmin.

POUDRE POUR LES DENTS

LA MEILLEURE ET LA PLUS SIMPLE

Faire brûler une croûte de pain jusqu'à ce qu'elle soit en charbon, la pulvériser pour en faire une poudre très-fine. On peut, si l'on veut, y ajouter 2 grammes de quinquina en poudre, pour 25 grammes de poudre de de pain.

Il faut, pour bien conserver ses dents, se les laver deux fois par jour, matin et soir.

POUDRE DE RIZ

POUR BLANCHIR LA PEAU ET EN SORTIR LE LUISANT

Farine de riz tamisée. . . . 250 grammes.
Iris en poudre. 25   —

Mélanger le tout et l'enfermer dans une boîte bien close.

Cette poudre ainsi préparée ne peut faire aucun mal à la peau ; il n'en est pas de même de toutes les poudres dites de riz.

ROUGE VÉGÉTAL

CE FARD NE FAIT AUCUN MAL A LA PEAU

ET IL EST SANS DANGER POUR LA SANTÉ

Rouge de carthame. . . . .   9 grammes.
Blanc de fard. 250   —
Blanc de baleine.   40   —

Piler le tout et en faire une pâte en y ajoutant un peu d'eau de laitue, ou de l'eau distillée.

Mettre cette pâte dans un pot et la laisser sécher.

SAVON BLANC

TRÈS-BON POUR LA PEAU

Huile d'amandes douces. . 500 grammes.
Lessive des savonniers. . . 250   —

Mettre l'huile dans un vase en faïence ou en porcelaine et verser peu à peu dans l'huile la lessive des savonniers; placer ce mélange pendant quelques jours à une température de 16 à 20 degrés; agiter de temps en temps jusqu'à ce qu'il ait une consistance de pâte molle; y ajouter, si l'on veut, un parfum; le couler alors dans des moules en verre ou en faïence et le laisser sécher.

On colore les savons, soit avec un peu de

5.

teinture d'orcanette, soit avec de l'orseille, et, pour leur donner une teinte verte, avec de l'huile chargée de chlorophylle d'épinards.

On peut l'aromatiser en ajoutant quelques gouttes d'essence.

SAVON AU BEURRE DE CACAO

CONTRE LES GERÇURES DE LA PEAU

Beurre de cacao.. . . . . 4 grammes.
Lessive caustique. 2   —

Faire fondre au bain-marie le beurre de cacao, puis verser peu à peu la lessive caustique avoir soin de battre le tout avec une spatule en bois ou une cuiller en argent.

On peut l'aromatiser en ajoutant quelques gouttes d'essence, mais cela n'ajoute rien à la qualité.

SAVON CONTRE LES ENGELURES

Huile d'amandes.	125	grammes.
Lessive des savonniers. . .	60	—
Camphre en poudre.. . . .	4	—
Extrait de saturne..	12	—
Benjoin.	20	—

Mettre l'huile dans un vase en porcelaine

ou en faïence, verser peu à peu dans l'huile la lessive des savonniers, puis y ajouter le camphre, l'extrait de saturne et le benjoin ; placer ce mélange pendant quelques jours à une température de 20 degrés ; agiter de temps en temps jusqu'à ce qu'il ait une consistance de pâte molle ; verser alors dans des moules et laisser sécher.

SAVON CAMPHRÉ

POUR RAFRAICHIR ET ADOUCIR LA PEAU ET LES DARTRES

Savon blanc.. . . . . 200 grammes.
Amandes amères mondées. 20   —

Camphre en poudre. . . . . 3 grammes.
Teinture de benjoin . . . . 10 —
Carbonate de soude.. . . . 1 —

Piler les amandes jusqu'à ce qu'elles soient en pâte et y ajouter le savon, le camphre et le carbonate de soude ; faire fondre au bain-marie et ajouter la teinture de benjoin ; passer et verser le tout dans des moules et laisser sécher.

SAVON AU MIEL

POUR TOILETTE

Savon blanc. . . . . 250 grammes.

Blanc de baleine. . . . . .   40 grammes.
Miel blanc.   30   —
Oléosucre de citrons. . . .   30   —
Esprit de roses..   30   —

Faire fondre au bain-marie le savon blanc, le blanc de baleine, le miel, et y ajouter l'oléosucre de citrons et l'esprit de roses ou tout autre parfum. Mélanger le tout et couler dans des moules en verre ou en porcelaine. Laisser sécher.

Pour obtenir de l'oléosucre de citron : on frotte la partie jaune de ce fruit avec un morceau de sucre ; quand le sucre est bien imprégné d'huile volatile ou jus de zeste de citron on le pulvérise.

SAVON DE MOELLE DE BŒUF

POUR TOILETTE

Moelle de bœuf purifiée. . 500 grammes.
Lessive des savonniers. . . 300 —
Sel marin. . . . . 100 —
Teinture de benjoin. . . . 10 —

Pour purifier la moelle de bœuf, il faut la faire cuire dans de l'eau ; la passer et presser, puis la laisser refroidir. La moelle purifiée reste à la surface de l'eau.

Faire fondre à nouveau cette moelle purifiée dans 1000 grammes d'eau ou un litre. Lorsque la moelle sera fondue, y ajouter par petites doses la lessive des savonniers, en ayant soin d'agiter continuellcment jusqu'à ce que le tout soit transformé en savon, vous y ajouterez alors le sel marin. Enlever avec une écumoire le savon qui vient à la surface; faire égoutter et faire fondre de nouveau au bain-marie; y ajouter la teinture de benjoin; couler dans des moules et laisser sécher.

SAVON DE WINDSOR

POUR TOILETTE

Savon de moelle de bœuf. 500 grammes.

Faire dissoudre ce savon à l'aide de la

chaleur dans de l'esprit de vin ; couler cette
dissolution, encore chaude, dans des moules
en fer banc gravés en creux ; on obtiendra,
en laissant refroidir, un savon transparent,
jaune, que l'on pourra colorer, soit avec de
la teinture d'orcanette, soit avec de l'orseille
ou avec de l'huile chargée de chlorophylle
d'épinards, et y ajouter, si l'on veut, un
parfum.

TEINTURE OU ESSENCE

DE BAUME DE LA MECQUE

Alcool à 85 . . . . 100 grammes.
Baume de La Mecque . . . 20 —

Mélanger et laisser infuser 20 jours en agitant de temps en temps, puis filtrer.

TEINTURE OU ESSENCE

DE BENJOIN

Alcool à 85. . . . . 100 grammes.
Benjoin pulvérisé. 25   —

Laisser infuser 15 à 20 jours en agitant de temps en temps, puis filtrer.

TEINTURE D'IRIS OU ESSENCE

DE VIOLETTE

Iris concassé. . . . . 30 grammes.
Alcool à 60. 100   —

Laisser infuser 15 à 20 jours; passer, presser et filtrer.

TIENTURE OU ESSENCE VANILLE

Vanille concassée.. . . . . 25 grammes.
Alcool à 85 100   —

Laisser infuser 20 jours, puis filtrer.

TEINTURE DE GIROFLE

Alcool à 80. . . . . 100 grammes.
Clous de girofle concassés.   25   —

Faire infuser 15 jours en agitant de temps en temps la bouteille; passer, presser et filtrer.

TEINTURE OU ESSENCE

DE MUSC AMBRÉE

Alcool à 80 . . . . 20 grammes.

Musc. 1   —

Ambre. 1   —

Chauffer un peu au bain-marie, laisser infuser pendant 12 jours, dans une bouteille bien bouchée, agiter de temps en temps et filtrer.

6.

VINAIGRE DE CONCOMBRES

RAFRAICHISSANT POUR TOILETTE

Vinaigre blanc. . . . . . . 1 litre.
Concombres. . . . . 500 grammes.
Zeste frais de citron. . . . 5 —
Fleurs de lavande. . . . . 5 —

Râper les concombres et les mettre dans le vinaigre avec le zeste de citron et les fleurs de lavande, et 15 jours après, passer, presser et filtrer.

VINAIGRE DES 4 VOLEURS

Grand'absinthe . . . . 15 grammes.

Petite   —   15   —

Romarin. 15   —

Sauge. 15   —

Menthe.. 15   —

Rue. 15   —

Lavande. 15   —

Calament.. 2   —

Cannelle. 2   —

Girofle. 2   —

Muscade. 2   —

Ail.. 2   —

Camphre.. 4   —

Vinaigre radical. 15   —

Vinaigre fort. 1000   —

Mélanger le tout et laisser infuser 15 jours, passer et ajouter le camphre dissout dans l'acétique (codex), filtrer.

VINAIGRE DE TOILETTE TONIQUE

POUR LA PEAU ET L'IRRITATION

PRODUITE PAR L'ACTION DU RASOIR

Vinaigre blanc, fort.. . . .	250	grammes.
Benjoin..	250	—
Alcool.	200	—

Mélanger le tout et, 10 jours après, filtrer quelques gouttes de ce vinaigre ajoutées à l'eau la rendent laiteuse et lui donnent un parfum agréable.

VINAIGRE AROMATIQUE

DIT DE BULLY

Eau	7,000	grammes.
Alcool.	3,500	—
Essence de bergamotte .	30	—
— citron ou zeste	30	—
— Portugal.. . .	12	—
— romarin. . . .	23	—
— lavande. . . .	4	—
Neroli.	4	—
Alcool de mélisse.	500	—

Agiter de temps en temps et, après vingt-quatre heures, ajouter infusion de benjoin, de tolu, de storax, de girofle, 60 grammes chaque. Agiter de nouveau, puis ajouter 2000 grammes de vinaigre distillé. Filtrer, et, 12 heures après, ajouter 90 grammes de vinaigre radical.

VINAIGRE DE TOILETTE

Vinaigre blanc.	50 grammes.
Alcool à 45	150 —
Extrait de benjoin.	25 —
Essence de lavande.	12 —
— cannelle.	1 —
— girofle.	1 —
Alcali volatil.	1 —

On peut le colorer plus ou moins avec un peu de mousse d'orseille ; mais cela n'ajoute rien à la qualité, puis on filtre.

TABLE

9 782019 495732